AF449594

MARIO MURGIA
Nauta
Buenos Aires Poetry, 2025
80 pp.; 13,34 cm x 20,32 cm.
ISBN 9786316688101
Poesía Mexicana.

Editorial ©Buenos Aires Poetry
Colección ©Pippa Passes
Diseño editorial ©Camila Evia

**BUENOS
AIRES
POETRY**

BUENOS AIRES POETRY
editorial@buenosairespoetry.com
www.editorialbuenosairespoetry.com

MARIO MURGIA

NAUTA

BUENOS
AIRES
POETRY

PIPPA
PASSES

NAUTA

*

Mario Murgia

La hija de Niels
~Aalborg, c. 1667

Mi favorita era la vela blanca
del navío suspendido sobre el mar de aquel vitral,
adorno de mi pieza y su discreta celosía.
Dejaba el aparejo entrar el sol mejor que otras figuras,
cruces, yelmos, rosetones apiñados en vidrieras relucientes,
azules y carmines derramados por los muebles y los pisos.
(Las ventanas prodigaban sus regalos
gracias a las voces de mi padre,
diestro comerciante del mercado.)
Anhelaba desde el lecho, temprano en la mañana,
Portugales que no he visto, las Azores tan mentadas,
olas que ofrecieran más que sales —o que arenques—,
vientos que lavaran este mal enloquecido,
tasa diaria de los gritos.
Pero el sol dejó de entrar acallando los fulgores
de insinuadas travesías, haciéndome la esencia
ya sin nombre de todos los sentidos:
el perfume de los rojos y amarillos,
el sabor de un haz de luz,
el roce de un graznido,
la vela, el mar, los cielos que viviendo nunca vi
y que hoy, en la partida, vivo, habito y sigo siendo
en la suma de los fines y principios.

Icnusa

(o Cerdeña)

Van con caos y éxtasis de carne
puesta ante un delirio de hambre
imaginada al aire azul,
deshecha entre las voces,
los alientos del Maestral.
Huyen por las venas
que de rosa espeso irrigan
la crujiente piel de las salinas
mientras los flamencos sueñan
perezosos con elipses,
espirales y áureas proporciones,
curvas de las valvas
apiñadas ahí debajo,
en la turba de las ondas.
Son las ascuas insulares,
extrañezas que provoca
la certeza descollándose
en recuerdo:
es la abuela que ha parido
a veinticuatro,
es el nieto al que el coral
ha seducido,
es el padre de horizonte devorado,
nauta en mares imprevistos,
ribas cuya arena se ilumina
con la pira del olvido,

el sacrificio.
¿Cuánto más andas pidiendo,
Isla rumorosa?
¿Cuál ofrenda es necesaria
para que, harta de estas sales
y estos huesos,
hayas de formar tu continente
en la memoria?

El criado

Sobre todo cae el polvo
en las mañanas desiertas,
severo como el sol que abrasa
una Libia imaginada
en la espera y en la ausencia.

Un muchacho me pide sacudirlo
pues quizá ve algo que solo no distingo,
la corrosión que provocan diminutas
damiselas suspendidas en un haz
que, denso, las persigue y las aqueja.

No se posa el polvo ni se asienta:
yo lo arranco al aire
para usarlo por la noche
cual cilicio de áspera nostalgia,
como cal en la entrepierna.

Sin decirlo, me he rendido.
El muchacho, mudo de deseo,
lo sacude y lo extingue al fin,
con golpes admirables de plumero,
fuego de minúsculos planetas.

Me ha dejado en un momento
sin el polvo que él no ha sido

ni será jamás y que sólo yo
habré podido siempre ser.

Envío del Hudson

hay que lamer el cristal del alba
para borrar las transparencias
hay que oler los pedazos de lluvia
para desbordar los contornos de la niebla

me llevas o te llevo
gritan sin noción
de género o de número
desde abajo
Nueva York
tus banquetas

te recuerdo o me recuerdas
con todos esos muertos nuestros
que no miras y no esperas

me traes o te traigo
propone la escalera
descollándose a la calle
ávida de calaveras

me tienes o te tengo
gritas en la nota azul del pavimento
cuando el pecho de los días
se hunde y se levanta
al ritmo que regalan la primera
y la última sirena

cada vez será ocasión severa
para aguardar los vapores
que algodonan tus alturas
ciudad de la llegada
caudal de las esperas

me aquejan tus rosados
tan ajenos a Picasso
la vanguardia de tus hielos y calores
con que encoges y dilatas a destiempo
los cuerpos que por ti
desbalagados
se alimentan se abotagan
se corrompen

y en tus calles extenuadas
un vagabundo enloquecido
con el grito y el enojo
garabato de cartel
exige y se desgarra.

Drain the swamp
and save America!

Dante Park

Tiene Nueva York un Dante,
mira para abajo con
           blasón de bronce negro
     como rastreando
la caída
              de una hoja
          de laurel
     o el rostro
                        iluminado
de Beatrice
                entre
el barro,
                entre los muertos.
Desconoce Dante la epopeya
vitalista de Fiorello,
          no ha escuchado nunca
                la voz
de la Lupone, ni sabrá
jamás de la existencia
          más que desprendida de Giannini.
          No distingue
                    Dante
estas Italias nuevas,
                discurridas,
expectantes del infierno,
                    más del cielo,
y menos sabe acaso

que desde acá lo veo
enfundado en un abrigo americano
y tres destierros.

Si me imitas, arte
(¿Arte?)
estás perdido
     entre las filas
imposibles
     que envidia
  la culebra
en sus días
     más largos
        más febriles.
Si te imito, arte
(¡Arte!)
     seré un oficio
        ajeno
  raro
pieza de un mundo
     gélido   flotante
  donde sueñas siempre
    con helarte.

De Leonora para Max

Fue la época más feliz de mi vida:
todo lo que aprendí del arte y de la vida,
lo aprendí de Max.
Leonora Carrington,
carta exhibida en el MAM,
Ciudad de México

Las tinieblas de cajones
deshicieron de mis letras
cada trazo, los mirones
del museo desencuentran
laxitud que les corroe
en mis cartas hechas muestra.

No es discreto ya el correo
cuando páginas, mis ciervas,
pacen en los bosques de lo nuevo,
en paredes que falsean
la visión de lo que creo
de este lado, estando muerta.

Es mi tinta, Max, objeto
de estultas opiniones, ajenas
a dolores y a momentos
inflamados por la queja,
por los dardos de tu ausencia:
ven al fin tus ojos lo que veo.
En felicísimo momento,

tu visión, más bien, pasea.
Fuiste siempre cuanto tengo
de imposibles caballetes,
aves, magos, lunas y orbes…
la obsesión de mis pinceles.

Wabash

Hoy hace mal tiempo,

dijo sola, para nadie,

la mujer acá en la calle.

Apestaba, presa en años,

maldición e indiferencia.

Mothafeckin cawld, quoth she.

No se oye contestar

al gris del pavimento

pues aquí los trenes lloran

desde arriba y hacia dentro.

¿Será que la madre asesinó a su padre?

¿Será que sanó el hijo alguna grave

rotura de su aliento y su premura

de tornar a cualquier hora

al mundo del eterno desconcierto?

Miró sólo de lado

el filo de ese río

que corría por debajo,

el Chicago, hecho verde

por la prisa de los fríos de marzo.

Siguió hablando ella

con el aire, el clima, el tiempo,

sangrando el sentido de las horas,

palpando la memoria primitiva,

esclerótica de instantes,

aterida de minucias,

alargada en verbos

que no paran de contar
la vida insuficiente
de aquella negra loca.

22

Cernuda en Nueva York

Volví de entre los muertos
sólo por que me hayan puesto
la manzana entera a cuestas.

Alabado sea el momento
del paseo, parque adentro,
y el dolor de tus aceras.

Nunca dominé tu lengua,
no señor, ni falta que me hizo,
pues me crispa el alma entera.

No me sabes ni prometes
resarcirme la alta espera
de la gloria de las letras

y el dulzor de tu bandera.
¿Qué te viera Federico?
No lo sé, y si supiera

no acomodaría el indulto
de mis acres abandonos
a la burla que te has hecho
de los versos en mi tierra.

Flavia

Andando en el relumbre de las cosas
más ufanas y menos terrenales,
te mudas en las sílabas finales,
descifras el aliento de las rosas.
Tu nombre has olvidado entre pasmosas
medidas y distancias celestiales,
pues tuyos son la plata y los raudales
luminosos del astro en que reposas.
A Borges y sus versos hoy consigno
tu memoria infinita y animal:
que sea el de sus tigres oro digno
del rojo de tus flancos, de ese mal
que trae la muerte y se hace monumento
en la letra, el dolor y el pensamiento.

Roma, apagaría mi existencia
con gotas de la leche de tu loba,
pagando por la vida que te roba
Remo en bronce, ahogándose en tu escencia.

Ni Rómulo tendría mi violencia
al darte bajo cielos de caoba
la sangre de mi tierra que retoba
en farsas innombrables de tu ausencia.

Desgarras en epítetos tus horas
orladas en vislumbres de flagrancia
que lanzan de sus visos las auroras.

Eres, Roma, mi lar y mi ignorancia
vencida sin recato, sin demoras,
la sombra de mi hogar y su distancia.

El año mejor

El año en que morí
fue el del higo y del concierto,
morí en la miel del fruto venusino
y en la forma acústica del tiempo.

El año en que morí
floreció el vicio y el lamento,
morí entre turbas de muchachos
que habitaban los destierros.

El año en que morí
fluyó un río en el desierto,
morí y huyó la flama del calor,
voló un gorrión de bronce y fierro.

El año en que morí
ningún torreón cayó,
morí y ni en la azotea aulló mi perro,
ni de su blanco se mudaron
los bastones blancos de los ciegos.

Ex voto

(Vista de *San Sebastián* de A. Zárraga)

> *SEÑOR,*
> *No sé celebrarte*
> *como el poeta*
> *en versos compli-*
> *cados;*
> *pero acepta,*
> *SEÑOR*
> *esta obra áspera y humilde*
> *que he hecho*
> *con mis manos*
> *mortales.*
> Angel ZARRAGA

Soy altar hecho de carne,
soy la brama de la loba,
soy deseo enmudecido.

Soy desnudo el verso enhiesto,
soy el fuste, el monumento
de la sangre, el lienzo vivo.

Soy mortal el don, la ofrenda
y el delirio; soy muleta
y el albar crestón de cera,

holocausto umbilical
y el profano sacrificio.
Soy cascada transparente

sobre el negro del vestido,
la oración que entre los dedos
se restriega cual cilicio.

Soy dolor en las rodillas
de la beata que me hostiga
y rezando me desvirga.

Soy en suma Sebastián,
húmil y áspero homenaje
de Tu esclavo, Tu cautivo...

de Tu ángel.

Conferencia sobre un fémur en Malta

¿Fue quizá cuando el contorno
de un buey y su cabeza se afinó
para formar el A inicial?
¿O fue tal vez cuando se supo
que el fuego de la tea abre los caminos
de la noche, el hambre y las historias?
¿Habrá sido el corte inesperado de la carne,
el primer derramamiento de la sangre,
obrado un día por el pétreo centelleo
del pulido ancestro de la daga?
¿Cuál sería el invento, gesto o rasgo
—siguió conjeturando un tal muchacho—
que hiciera de un babuino algún humano?

La gárrula sapiencia de la arqueóloga
paró un alto en el estrado.

No fue hija en un principio
del puño que, novicio,
pudo figurar sobre la piedra
un espectro primitivo de escritura.
No nació entre luces mansas
de una flama, apresada en un aprisco
como yegua desbravada.
No vino de una herida necesaria,
obsequio del morder de la obsidiana.
Se asoma en el quebranto restaurado

del hueso de una pierna—
el amor que avisan sus cuidados,
la posibilidad remota,
entre noches, fieras y enemigos,
del descanso que se otorga
por piedad y no se gana.
La civilización despunta, en suma,
en la fósil y sinuosa soldadura
de un fémur olvidado,
oculto entre la tierra como gema
bruta, azarosa, solitaria.

Último de abril

Ese día llegó mi madre a casa
con los ruidos de la calle
tallados en la cara
y los gritos de mi padre
atropellado ardiendo en la garganta.

Me dijo: "Quita el disco",
previniendo que la música
indolente de mis tardes
acallara la muerte que traía,
viuda ya, aferrada a las palabras.

Dos días después, en el panteón,
el día del niño, mi niñez desembocaba.
Vi que te apilaban en el pecho
plancha absurda sobre plancha
y al final, paliando los rigores del cemento,
un túmulo perfecto de tierra blanca.

Será que daba miedo
que alguno te alcanzara,
o quizá que al mundo vuelvas
vomitando cual venganza
el fango que te abona esas astillas
que llevas por entrañas.

Yo sí temo que regreses
observando las promesas,
no porque estés muerto
sino porque hoy, vivo,
arderías más que nunca
de impaciencia inacabable,
ofendido por el alba.

Urbe

El mármol es tu siervo igual que el tiempo,
tú, dueña de números y epítetos
fundidos en las armas y en los libros.

No he llegado a ti por la perfección
de tus caminos, ni ha sido el Álbula
de Livio el que a tu invierno me ha traído.

Fue el deseo de hallar tu cuerpo antiguo,
desmembrado en confusos laberintos
de piedra, de reliquias y de olvido.

Fue el ángel anacrónico del Elio
fincado en la negrura de tu frío,
perdió él en tus colinas mi delirio.

Tus domos puestos como alfileteros
ven al cielo, esperando a golpe y grito
los discretos punzones de los siglos.

Te apagas como incendio en agonía,
crepitas en los arcos de la noche
severa y agotada por los pasos

apurados que tientan con la planta
las ruinas escondidas en tus miasmas,
aullidos soterrados de tus hijos.

Qué serio vengo, Roma, a visitarte,
qué tarde tu latín me ha recibido.
¿Qué herida inflige ahora, o qué suplicio

el eco de tu hierro, la andanada
luminosa de tu historia o el embuste
eterno, abrasador, de tu martirio?

Batalla

He leído
sobre las fortalezas
del mundo,
de torreones y murallas,

de alminares que intentan
morder el cielo,
tarascando de cabeza
y para arriba.

Muchas de ellas
se han llamado,
bautismo del texto y de la historia,
inconquistables.

También he visitado
algunas, satisfechas de sí
mismas, como perras cobijadas
en el hueco de su cola.

He visto ahí,
en infelices ocasiones,
a pesar de la palabra
escrita y obstinada,

troneras hoy ociosas,
remotas rasgaduras, resquicios

en la piedra por donde
entran las partículas

del mundo, venciendo sin esfuerzo
albarranas con el golpe de los vientos,
del tiempo los fragores y, al final,
el ariete de la nada.

Vistazo de la isla

(desde La Habana)

Hay que pisar tus pétalos de arena
blanca para entender por qué
el sol con saña endulza,
isla, tus ruinas de palacios sosegadas
con rayos que gotean
como jarabe hirviendo.

Hay que oír tu viento gris y saborear
el filo de tu sal, ésa que avasalla
tus herrajes, los cimientos de tus casas,
y ver con ojos de amor tibio
la belleza peligrosa de tus hombres,
los espacios ardorosos que, temprano,
detentan los pechos conquistados
de tus niñas, la bacante extremidad
de tus mujeres, la cólera precaria de tu vientre.

Hay que beber tus aguas luminosas,
tu espuma de color de acero,
para poder adivinar por qué tu amigo
es loba (como aúllan tus grafitis),
por qué desconoces el denuedo
de androginias que, envidiosa,
ni otorgas ni concibes ni acomodas.

Si fuiste la orgullosa balsa roja, apenas
eres hoy el barco-mausoleo de tu centro,
bastión borrado de memorias prodigiosas,
la nota avejentada de la trova,
la virgen del fragor y el atropello.

Dos diecinueves: 85, 17

"¿Qué se ha hecho tu país
—pregunta mi sangre desde fuera—
que le pasa todo y solo se violenta?"
No sé qué contestar pues me ocupo
en enterrar a muchos muertos
exhumando muchos más.

No sé si en esta confusión de manos y de piernas
acabaré por inhumar cuerpos en las calles
o será más bien que en los cadáveres
sepulto ahora el polvo rojo de las piedras.

Son ya dos diecinueves y bastan esos dos
para evocar la coincidencia casi inverosímil
de toda lágrima que raspa como arena,
de toda grieta que suplica hambrienta,
de todo aullido que crepita con fragor de flama-fiera.

"¿Por qué ha parido tu país
—continúa la hemática insistencia—
dos otoños carniceros que procuran
la idéntica locura de gorgonas
emanadas de la tierra,
mezcla inquieta de huesos
y de lodos y de mierda?"

Sabré qué contestar, quizá, cuando el suelo
drene nuestras venas y llene mi garganta,
mi conciencia, de palabras arcillosas,
de fangosa indiferencia.

En este país no hay corazón,
hay venganza trepidante, seca y fracturada,
como el lago desecado, inexistente, de una patria
que por suave, al toque cálido de un dedo,
cada tanto se craquela y se desgaja.

Julio en Londres

El verano cae a chorros
como miel caliente y especiada
sobre el duro seno blanco
de la cúpula de Pablo.
Es mentira lo que sabes:
no hay ingleses que toleren
esas vaporosas lengüetadas
del río Támesis en brama.
¡Qué calores los que inflaman
la Inglaterra temeraria!
Ha de ser la fiebre que la abrasa
lo que tiene a Londres balbuceando
tantas lenguas mientras
—voluptuosa, ebria
de intenciones incendiarias—
abochorna a sus visitas,
quienes poco corresponden
los pudores de su temple y de su raza.

El labrador de Brueghel

…el labrador oyó tal vez
el chapoteo, el ignorado grito,
mas para él no fue algún grave error…
"Musée des Beaux Arts",
W. H. Auden

Dicen siempre las visitas
que ese día de primavera
el rumor de la corriente
era el grito de un muchacho
que sin más cayó del cielo.

El pastor junto a su perro
observaba un ave extraña,
y en las aguas más abajo
unos peces alarmados
estropeaban los intentos
del paciente pescadero.

Yo, ocupado en el dibujo
de mis surcos imperfectos,
descuidé por un momento
el dolor del mundo entero,
la importancia de lo ajeno,
el temor a lo divino
y mi eterno cautiverio.

Muerte del poeta

a David Huerta

Los instrumentos aquel lunes,
casi otoño o casi invierno,
concertaron un notable desacuerdo.
No hubo frío, trueno o nubes
sino otra hipócrita jornada
de trabajo, sol y viento.

Al momento en que callaste,
preguntamos a tus líneas incurables
si acaso la verdad cabría
en aquello de tu eterno desencuentro
con el bronce y con el mármol
que recaban huesos culteranos
en la Córdoba andaluza
y en su antiguo templo doble,
un sinfín de puertas y de entierros.

Lo sabrás, dijeron, solo tú,
segundo Polifemo,
hoy que te has negado,
en la primera jornada de tu muerte,
a deshojar atardeceres
de inesperados churros y café,
de silencios bautizados con
inocuos vasos de agua y

el regusto raro, oscuro,
de Paz y de Eliot y del té.

Si tal vez los dejaste,
nos queda desbordar
versos vacíos
y convocar por el camino
—en secuencias de
segundos infinitos—
del mundo todas las poesías,
las memorias imperiosas
de algún tres de octubre
que, por grande culpa tuya,
ya jamás se encuentra ni se olvida.

Sentido

No amo el tiempo en el que vivo
porque es vivir con una
sinestesia entre las manos,
al ver oigo lo que toco
y pruebo lo que siento
faltando por contagio los dones del olfato.
Del mundo pesa todo el amarillo
en un sonoro e incontenible blanco.

He amado lo que no he entendido
de la humana sujeción al Cielo.
El reflejo de mi cara observa de regreso,
confinado en la testa plana de algún pincho
privado sin remedio de ángeles
y de otros ordinarios geniecillos.

No hay ni ha habido en mí un solo fin
que no sea sólo el bien de los principios.
Nadie me ha habitado y todo lo he querido
en horas que casi tocan los sonidos,
en días que devoran siempre el tacto,
en años que olfatean como perros
infinitos los restos, en el mundo,
del color y la luz antigua de los astros.

Esta temible tierra

All torment, trouble, wonder and amazement
Inhabits here. Some heavenly power guide us
Out of this fearful country.
                    "La tempestad",
                    5. 1. 104-106

Ni las alas de zéfiro diáfanas
Osan rizar las aguas.—Las cenizas
Se dijera que guarda su pueblo,
Tornada en urna la ciudad altiva!
                    "El Anáhuac",
                    Canto VII

1.
Sucedes en la ausencia de ti misma,
en la prisa del relámpago preñado.
Sucedes en las grietas soñolientas y del sueño,
en la piedra que soporta los paseares
que resuenan en la linde
de tu sombra y de tu suelo rencoroso.
Sucedes simplemente, si sucedes.
Aconteces, ciudad de lo fugaz,
en la luz anciana de tus armas,
que donan heridas extrañas
a cada pecho y cada miembro de los versos
que te inflaman,
que te aplacan.

Eres la barbarie que confunde
el encierro de los ríos, el alud de las miradas.
No sabes ni tú misma dónde existes,
y si existes, cómo o cuándo,
porque exenta estás de cualquier rasgo
aun si excedes tu contorno adormecido,
fijo en la efusión del tezontle-laberinto
y el insólito momento que resguardan tus montañas.

Copan tus razones
en el flujo amoroso de tu exceso,
en la noche de tu vientre
oscuro, enloquecido
con imaginadas proporciones y con gente que,
abatida en su prisión de carne y cuerpo,
acude a tus encomios, vida demasiada,
al templo del recuerdo, a tu memoria.
Hay bullendo en tus bajos alquitranes
cánticos y voces que empañan el aire,
las mañanas y las horas de los muertos,
ésos que se espantan de tu música imantada,
herida por rosadas caracolas,
por la sombra del cemento,
por pasados que convocan la
sordera de tu larga epifanía.
Te ocupa una prisión de lluvia y viento,
el recuerdo de cien fríos, la melena
de soles evasivos sin noción de paz,
medida o sangre.
La inercia que causa tu zozobra no abre

puerto en la paciencia del extraño,
negado a ser tu esclavo
por el golpe que le impartes,
tu jolgorio y tus hechizos,
por tormentas y amenazas.

Librarnos has querido de tu cielo
al dejarnos erigir palacios de humo negro
sobre un piso que, traicionero,
se ha escrito en la grieta de tus hijos.
¿Qué es tu piel? ¿qué es tu sentido?
Vana se distiende la infracción del agua,
recorre tus entrañas
inundadas del latido que precede
y aun invita a toda muerte mansa.

Terminaste con nosotros cada vez,
pues en tus fines convocaste tus inicios.

Comienza el subibaja de tu pecho que es un vado
enmudecido ante la sombra líquida del lago,
donde reposan formas de tu espuma envilecida.
¡Qué pronto hiere el aluminio
el caos-rictus de tu cieno!
¡Qué valor halla su filo en el verde macilento
que siempre te recuerda el pozo del que brota,
aletargado, el vértigo vacío del invento que eres
y que, denso por la plata cacariza y traicionera,
nos ahoga en los metales de tus venas!
El lodo anuncia tu abandono,

tu paroxismo dilatado
y tu principio.

2.
Tienes la misión de matar
a las palabras. Lo que huye de tu boca
son sílabas y rimas que parecen,
con sus notas sincopadas,
el idioma de otra vida u otra cosa.

(Flota carne de miembros solitarios
hasta abajo, en la rivera hecha secreto,
humanos troncos de marea,
penumbras de una lengua de estrellas
y de luna guarecida,
avanzan persiguiendo
el silencio de las horas.)

Hemos imaginado el tiempo en tus palabras,
en tus letras se ha fraguado
esa luna que es agua y es espejo.
Nos has hecho estos collares con tus dichos de hojalata
porque tus hijos cuelgan de cabeza,
porque desde arriba los ángeles restallan.
Son sólo los que vuelan desde abajo
quienes alzan las narices por los aires,
así como la chispa asciende,
así como las lumbres braman y se agitan.

"El mundo está al revés.
Estamos todos al revés y sin derecho.
Somos moscas que se arrastran por el techo,
y es sólo por mercedes infinitas
que nos despegamos y caemos,
lerdos y quemados por la gracia
de los rayos y los truenos".

Soñé que había soñado tu universo, ciudadela,
que me daba el sol y las nubes desplomadas de fractales.
Había estado por delante y por detrás del tiempo entero
y sin mí no se hacía nada
                              que no estuviera hecho.
Cualquiera que haya estado
en el centro de tu cosmos, ciudadela,
ha estado en los Infiernos, el lugar de rompe-y-rasga
para el cual sólo hay remedio de remedio.
Lo que quieras, quiero.

—Cualquiera, al empezar, habría de darse cuenta.
Nada más se iría manejando hacia el poniente.
Era casi el alba cuando tu hijo,
ahumado entre síncopes de estopas,
apareció volado al desencuentro.
En ese estado, ¿qué más podría haber hecho?
Si estabas llena de torre y voladeros,
de gases broncos y vahos virulentos,
habrías seguro abandonado, ciudadela,
los campanarios últimos
para perderte en los desiertos,

cada vez más llanos,
pues el camino clausurado
es el único que en suerte llega al lago…
A ti llegaba manejando, a ti,
monstruosa como han dicho,
tu hijo amante,
quien luego apareciera en el destierro
de tus bregas lacrimosas.
¿Qué más podía hacer, a la luz de tus relámpagos,
sino asomarse del peñón a la barranca
y desde ahí ver las cabezas,
las orillas
y los suelos,
así como hubo visto antaño, desde arriba,
marchar a los fieles, a los muertos
esclarecidos de pregón y de deseo?

—Una forma de suicidio, creo.

—¿Y qué querría un hombre como él,
tan cierto, tan bravo, tan lucido,
tan a gusto en el ala de un plumífero sombrero,
sino acometerse en su suicidio en
lugar tan generoso y divertido?

—Millones de imágenes divinas
se agolpan hasta allá
al saberse generosas, divertidas.
¿Entiende usted el empeño y reconcomio
de ser hijo y amante de Marina la Tiznada?

—Hay mares maldecidos de Marinas, de Chingadas,
(¡Dale, chíngale, que ya te tardaste!)
y cantidad de gente que acomoda las ideas mangoneadas,
peregrinas, de haber sido los centésimos
esposos de aquella tumba enhiesta,
la india abominada por su lengua,
por su sexo deformado en capullo liminal,
urdido cual huipil con sedosas barbas rubias.
Hay que darle a todo, hay que chingarle.

—¿No era eso lo que había que explicar?
No me diga que andamos tras el penacho,
las conchas sudorosas y las plumas de quetzal.
¡No me diga, no me diga, ay, que estamos
en el ojo de la diosa, tres veces preciosa,
en el ojo que, temprano y en la cúspide de vaho
misterioso, nos ha causado tanto y tanto mal!

—Son antiguos tus motivos.
Hay en ellos todo componente,
todo el odio de esa suerte lenta
y corrosiva que se funda
en los celos y el deseo del animal.
Estás jugando al chivo, hijo querido,
y no se presta la ocasión, y no es decente,
pa jugar a los cabríos. Hay que interpelar
al respetable: "Se le suplica guardar silencio,
guardarlo caro, para que se oigan los golpes,
las trompadas, el retorno
eterno de las patadas voladoras".

Conozco toda broma, fantasía y paradoja,
pero estamos en maldita posición,
sentados en la casa del vecino,
observando en casa ajena cómo nace el asesino.

—Lo sé y es infernal, porque ese hombre
se pensó de todo el amo, en una fiebre de ficción,
libertad y omnipotencia: quererlo todo es desear
la nada sin guardar la esencia
del Divino Nombre en letra y sílaba salada.

—Yo más bien creo que fueron los dulces de colores,
                              ésos de la tienda.
No podía dejar de verlos. ¡Qué sabrosos, qué bonitos!
Así se me han vuelto locos varios hijos,
y no es que no me tengan lástima.
Es mío el cuento del Señor que se hizo cuerdo,
el caballero pérfido que adora el oro con locura,
que con botín y expoliación al policía
por derecho venga y con los mandos cumpla.
La medialuna de una mordidita.
Qué sabrosa. Qué bonita.

3.
Qué turbio, corazón, qué turbio.
Pasaron en pequeña procesión
junto a la iglesia más pequeña de su barrio,
llevando con cerote el más pequeño féretro
que se haya visto hasta el nicho empotrado
en ese muro donde el aire reventaba lágrimas

terrosas, secas, marmoleando en gris y negro
los nombres desdorados de los muertos.

No hay jardines ni hay recuerdos.

La cajita era formal y no estorbaba—
nada de negros terciopelos, aunque deudos y
espontáneos la tenían confinada, con los ojos
achicados, en los contornos del mito
que precede a la inmanencia de los lares,
dioses y ogros.
Era acaso el ataúd de una leyenda
que dibuja algún monstruito, algún prodigio,
aunque fuera sólo el cuerpecito del vecino
que viviera al pétreo tiro de un prójimo
que negara siempre haberlo visto.
Qué turbio, corazón, qué turbio:
se entra al barrio caminando,
se sale en hombros embalado,
recorriendo los caminos de la tumba
parturienta,
extraterrena.
En la falta se reúne la asamblea en círculos,
plegarias, condiciones e inconciencias.
(Una turbamulta de zanates de alas chuecas.)
Señor, te sirvo si me salvas, si me entregas
la exención de los dolores y la última morada.
Qué turbio, corazón, qué turbio
encuentras el bullicio de la alarma
que al más ágil salva del derrumbe y al pequeño

da preludios de su cuerpo destrozado.
Y helo ahora ahí, informe, en la caja chica de una
chica vida, aunque de muertes infinitas,
memorias indistintas.
Vanidad de vanidades.
Todo es cansancio, todo mito y viento,
sin agua y sin intento:
ojo sin las vistas
oído sin sonido—todo
ha sido ya en la casa del olvido,
todo ha acontecido en la gente que vendrá,
en la mano del que el sol
ha perseguido entre coches y edificios
pretendiendo calcinar las llagas del cilicio.
Sonreír de pie sobre el asfalto
es la locura, el rito del placer
se vela en despropósito y premura.

¿Qué dices? No te entiendo.
Todo lo que es dulce
trae a colación niños arquetípicos,
elevados a la sinonimia más
deseada de felicidad y de futuro sacrificio.

La ignominia os hará fuertes.

¿Mande? Ya te dije: no te entiendo.
Avanzarán más fervientes en la práctica del hambre.
Respondo
y no me entiendes.

Vive en los semas del vacío
la ciudad reconocida en hálitos de inanición
hechos carne de hombre y dios—
superabundancia humana, alejada de lánguidas
raíces que no aprietan ni asimilan
el fósforo de abuelas insepultas
o el hierro de las sangres infelices,
heredadas.

El hambre os hará altos y fuertes.

Pero sigo sin entender, ¿qué se dice
en la ciudad de calles socavadas tras la lluvia,
hinchadas bajo el agua que reclama
forma antigua y límites perdidos?
¿Qué se entiende habiendo todos visitado
el martirio urbano de balcones florecidos
de metales, escenarios para novios
nostálgicos de helechos que se asoman
entre herrajes y jarrones encinta de pasado?

Nada se oye ni se dice ni se entiende nada.
Todos tiemblan en el frío cortado a la medida
con el filo transparente de las gotas del rocío,
el acuoso sinsentido de las pobres circunstancias.
En la lluvia, bajo techos incapaces,
no se oye nada
no se dice nada
no se entiende nada.

4.

De las grietas del cemento,
del piso de chicles tachonado,
—negros, duros,
como pecas, como ojos—
repunta el epazote.
No quita las lombrices:
las alienta y alborota.
No hay misterio en todo aquello
sino aséptica certeza—
hay gusanos guarecidos
bajo enveses olorosos
en las juntas de las hojas
bajo los oscuros pasos de las masas.
No alcanza el epazote a perfumar
la piel adormecida de sus plantas.
Recorre una ínfima distancia
cada huella y cada pie,
tocando el velo tatemado
que muda cada tanto algún árbol solitario.
Se agolpan las zancadas del olvido
que se goza entre las cuatro
puntas invertidas de los cruces, las esquinas,
predicción de la largueza,
las infamias del camino.
¡Qué descanso da a las gentes
la indigencia luminosa de saberse
atravesando avenidas que flanquean
tantas casas infestadas de vacío,
huérfanas de instantes, piel y gritos!

Están todas allá afuera recordando
la rotura de algo más premioso que importante,
las esquirlas extraviadas de los vasos,
la terca perdición de los sentidos,
el rito doloroso en cada bienvenida
que, allende la visita, deja lívida
la carne y la vergüenza de los hijos.

Constantes como círculos de viento
avanzan esas gentes recordando
y bendiciendo florestas inventadas,
pobladas en parques infinitos
de perros y arbolitos ideales,
trocados con hechizos
en figuras de falsa porcelana.
Parajes forestados de astillas y pedazos,
carrejos al portal de una memoria
que se traga los cuerpos y las caras
del hoy, del magro ahora,
atado cual jamelgo novohispano
al rojo amarradero de la historia.
Y en el salvamento de sus camas,
piensan esas gentes sudorosas,
—a salvo de las calles,
del bosque imaginario—
en la euforia del inicio nocturnal,
deseando que alguien haya muerto
para regodearse en las mañanas
que a la hora de la alzada
parirán su fin desembocado.

Qué zozobra les deparan
las futuras, ciegas alboradas,
ábacos de salados despertares
que cuentan a colores días de alaridos
apresados entre tímpanos y torres,
campanarios de mudas catedrales.

A que no te duele
despertar de madrugada,
a que no te duele, lero-lero,
comulgar cada domingo
con el cura de uñas largas,
craqueladas de tanto rasguñar el cielo
que limita entre sus cumbres de tezontle
San Hipólito sereno.
A que no te atreves a avisar…
que la sombra del sagrario
se ha tornado lirio gris sobre la acera,
flor de luces descompuestas,
daga vegetal que punza y hiere
un mosto hediondo,
embutido entre aire y pavimento.

5.
Hoy, al preguntar la hora
a un peatón en la cuneta,
recibí como respuesta
el oscuro pedernal que, barato,
amagaba su mórbida muñeca.
Son las tres de un miércoles

urbano, de modorras
invencibles, dilaciones
e incertezas. Habló desquitando
su bondad y mi ocurrencia;
al saberlo todo de los males,
discurrió sólo de trances y flaquezas.
Dio limosna de palabra,
simpatía y desazón
sin osar imaginarse algún acuse
por minutos recibidos
o mi arreglo, ufano lastre.
Ese citadino caminante
poseyó mi vida sin siquiera
percibirlo o inmutarse.

"Encontré dificultades,
lo confieso, desde enero
no hallo chamba, ni dinero.
Yo les dije sus verdades
(no me importan sus edades)
a esas viejas mitoteras,
arrastradas, marrulleras,
que viciaron la oficina.
No llegaron ni a la esquina,
las corrieron por rateras".

Donde está el poder está la culpa
si no fuera porque aquí,
entre cuerpos que conversan,

la potencia es relativa
y la peste no se quita construyendo
ciudadelas fronterizas.
Toda fuerza es dos en una:
la causa no es la causa
a menos que haya efecto,
y el ser que la ejecuta contenga
su pasivo, objeto incierto.
No existe la orden, el dominio,
si el edicto se argumenta
en la sordas soledades de un desierto.

"Ay, que bárbaro, mi amigo,
lo que dice no lo entiendo.
Me preocupa hoy el arriendo.
¿Sí me escucha lo que digo?
Como dios es mi testigo,
no voy a juntar el pago
y no tengo ni pal trago.
¡Ya mi vieja no me aguanta
cuando mojo la garganta!
Nadie picha con un briago".

No lo conoció ninguno,
escondió su poderío tras la llama
bifurcada, en el centro de los truenos,
el destello de gentíos y señales,
extraviándose en el habla y la palabra,
siendo dueño de estructuras
cadenciosas en la calle que se alarga

entre las tranzas, que se ensancha
y perpetúa en los ritos ordenados,
los fervores, en los versos
hechos días, los apuros
y las noches.

6.
Ciudad, evita nuestros nombres,
borra nuestros nombres de la piedra.
¿Cuál de todas?, nos preguntas.
¿La que estrujan las raíces
de la seca casuarina?
¿La que adorna alguna puerta
de Palacio? ¿La que alzan las mujeres
mientras buscan aunque sea
una falange de sus niños
tras los marcos de las rejas,
bajo el plinto que levanta
allá en tu centro
el caballo del rey Carlos
que machaca con su bronce
y su herradura el carcaj y las saetas
de algún indio ya olvidado?
Qué manera de acabarnos
entre rajas posmodernas.
No nos cabe entre las piernas
esta urgencia de salvarnos
de ese monstruo en que te truecas
tras el alba, hasta el ocaso
furibundo de tu paso

entre risas vueltas muecas.
Te ha quedado de ti misma
un simulacro que no
atinas a heredarnos.

Verdugo de ti misma,
            nos precedes.
Sueño de ti misma,
            nos corrompes.
Reflejo de ninguna, de otras muchas,
            sola en ti, así sucedes:
                              serás por siempre
            la casa inhabitable del estruendo.

Termes

Arrancamos ayer las siete puertas
y descubrimos túneles en la madera
como venas en los brazos disecados
debajo de una piel morena y muerta.

En cada vena hueca percibimos
de sangre blanca sendas que zumbaban
con latidos de unas larvas blancas:
era el hambre intrincada y furibunda
de la tierra en su blancura desolada.

Y de aquellas larvas bravas florecían
alas que a los muros se elevaban
emplumando los ladrillos, casi
haciéndolos volar como aves imposibles
de sólido arrebol y sombras esquilmadas.

Hubimos de arrancar con esas puertas
la vida entera de la casa, rasgando heridas
farfullantes en cada vena, veta y larva.
Tres veces el veneno ardió hasta las calzas.
Tres veces sofocamos ansia, gula y ganas.
Tres veces rebrotaron las voces de la plaga.

Hoy yacemos circundados por las puertas
que salvamos, que rehicimos con astillas

empapadas de ponzoña y agonía, aguardando
los chasquidos percutores de las fauces redivivas.

65

Lupo y Odoacro

(A la manera de una antigua elegía anglosajona)

Mi gente, sí, lo tendría como ofrenda:

bien podrían devorarlo si llegase retador, en son de guerra.

Es distinto entre nosotros.

Wulf está en una isla; yo, en otra.

Es segura aquella isla, rodeada de marismas.

Hombres sanguinarios llenan el islote.

Bien podrían devorarlo si llegase retador, en son de guerra.

Es distinto entre nosotros.

Mi esperanza, como perra, a Lupo seguía

mientras yo en la lluvia sollozaba,

mientras un hombre poderoso me ceñía entre sus brazos

y, aunque mi dicha procuraba, mis cuitas más crecían.

¡Lupo, Lupo mío! ¡Era tu ausencia

lo que enferma me tenía; tu presencia escasa

mi tormento y no la falta de comida!

¿Me oyes ya, Odoacro? Un lobo al bosque

se ha llevado a nuestra desdichada cría.

Es muy fácil separar lo que nunca ha estado unido:

la canción, el dolor que compartimos.

Málaga

(Habiendo comprado apenas
un ejemplar anotado de la
Fábula de Polifemo y Galatea.)

El último día malagueño aparece
en libro el cuerpo y el clamor de Polifemo
que de Córdoba ha mandado el Góngora
desde su mármol craquelado, eterno.

En el hostal dice un conserje
sobre el tal volumen negro,
al verlo entre mis manos:
"Ese poema e' de sole' blanco',
de nue'tro' y otro' mare', y de amore'".

El sol en Málaga no brilla
por fuera sobre el viento;
sale lento entre alfombras y metales,
entre muros, páginas y pecho,
desde adentro.

La vista desde aquí.

Un mar de juncos
que es amargura

o un árbol.

Abril de 2020

No hay chubascos
dulces esta vez,
ni lilas que se puedan
arrancar al suelo yerto.
Abril llegó pidiendo
entre los muertos
el sopor de los capullos.

También pidió borrar las líneas
de las manos y enterrar
como un secreto
todo aliento innecesario.
Más entrado en días,
empezó a pedir a gritos
borrar el calendario, trabar
los pomos de las puertas
y abolir el blanco de los patios.

Ordenó a todas las gentes
que viajaban en el metro
comprimirse en su letargo
y rendirse a su destino
cual si una boa naranja
se los hubiera tragado.

Pronto habrá quien diga
que no es más cruel abril

que otros, sin embargo.
Meses hay que secan lagos
o que acaban reviviendo
los incendios ya apagados.

Pero abril es un taimado,
es un viejo visionario.
Procuró que en el futuro
se extinguiera el beso y el abrazo,
que a los cuerpos
los hiriera la distancia,
que ardiera hasta extinguirse
la razón, el vientre, el alma,
y que el mundo conviniera
con certeza, con violento desenfado,
quién había de perecer
… y cuándo.

El sacrificio

Anoche respirabas los yambos
más veloces mientras las sombras
te pedían hacerles alto honor
y apalabrar su verso con el vaho
apresurado de tu pecho.
No la oíste o no quisiste oírla.

No sabes si te viste como forma
somática en la calma pues jamás
imaginaste, en el ritmo llano
de tus últimos jadeos, qué sílaba
ensalzar con la prisa de tu olvido,
qué acento regruñir en la recitación
voraz de tus carnes
           —elegías

la noche ha decidido
amenazarte
con caudas de silencio:
       ya casi ha claudicado
           la marea de tu aliento,
un pinchazo de aluminio.
               Duermes.
Luego, la atadura de una liga
que suspende tu caudal, inflamándote
las venas.   Soplo troqueo,
      luego otra vez

       yambo. Hálito
trocaico,   luego yámbico continuo

     yambo   yambo   ya.

Casi diminuta
       te has
partido.

Eros Tyrannus
(Picadilly)

Ya casi llegas, Eros, ya casi nos alcanzas,
te faltan dos tropiezos en las vías de los vientos.
¿Por eso te sostienes en un pie, con la punta de los dedos,
por que el bronce de tus días se fije más ligero?
No vuelas, Eros, ni entre nubes te nos alzas—
vas cayendo eterno y apuntando con tu larga
flecha falsa a quien no te ve, divirtiéndose allá
abajo, en el medio de la plaza. Hoy, Eros,
ni encaras ni amenazas a quien antes
te temía y te deseaba: bailan todos por debajo
celebrando tu descuido; cantan los desdenes
que les causa la presencia de tu desnudez metálica.
Ubicuo sigues siendo. Eso sí te concedemos:
mañana te veremos jugueteando en el museo,
con un aro, en la costra renegrida de un cántaro
romano. Ahi serás, diminuto, un contento niño
alado, serás menor que un dios y mayor apenas
que el estético reparo de la vista frente al dardo
de oro que traspasa —¡torpe!—
la pátina, el esmalte de tu flanco.

Partida

Son las diferencias
ausencias maliciosas.

Riman entre sí
como clamores de conquista.

Tu reflejo en la hoja
de un cuchillo,
eso es ausencia.

La imagen propia,
nublada en la espera
perniciosa.

El espacio que ocupa
la mirada entre el filo
y los umbrales transparentes
de las córneas.

Justifica cada ausencia
la invención del tiempo,
de la historia

y del espejo.

Mario Murgia (Ciudad de México, 1973) es poeta, traductor y profesor de tiempo completo de literatura inglesa, traducción y literatura comparada de la Facultad de Filosofía y Letras, UNAM. Ha publicado ediciones comentadas en español de la *Mascarada* de John Milton, *Areopagítica* y *El título de reyes y magistrados*. Ha participado en la primera edición mexicana de *Dublineses* de James Joyce, que se suma a sus diversas traducciones al español de autores como Barry Callaghan, Alfred Corn, Robert Graves, Ben Mazer, Roberto Mussapi, Edgar Allan Poe, William Shakespeare, Adrienne Rich, y Dylan Thomas, entre muchos otros.

Murgia también editó recientemente las publicaciones *Cardos y lluvia. Poesía escocesa del siglo XX* (Publicaciones UNAM), *La hoja verde de la lengua. Poesía angloirlandesa contemporánea* (FFyL, UNAM) y *Global Milton and Visual Art* (Rowman & Littlefield). En 2022 apareció *John Milton. Sonetos y una canción* (Aquelarre Ediciones), su traducción en verso de los sonetos completos del poeta y polemista inglés, primera en lengua española y ganadora del Premio Nacional de Traducción Margarita Michelena 2023 en el área de poesía.

La colección anterior de poemas originales de Murgia lleva como título *El mundo perdone* y fue publicada por Aliosventos Ediciones en 2018. Sus poemas han aparecido en medios como *Caminos Inciertos* (España), *Cuaderno de Octubre* (México), *Emanations: Second Sight* (EE. UU.), *Emanations: When a Planet Was a Planet* (EE. UU.), *Letras Libres* (México), *The Milton Quarterly* (EE. UU. / Reino Unido), *Periódico de Poesía* (México), *Revista Innombrable* (Colombia), etc. El poeta coordina y edita actualmente el volumen *Global Shakespeare and Visual Art* (Lexington Books, 2026). Está a cargo igualmente de la Cátedra Extraordinaria Eavan Boland-Anne Enright de Estudios Irlandeses de la UNAM. Su más reciente poemario, intitulado *Sabor mortal,* apareció publicado en una coedición de Aliosventos y Aquelarre Ediciones en abril de 2024.

2025
Impreso en Buenos Aires,
Buenos Aires Poetry
www.editorialbuenosairespoetry.com

www.ingramcontent.com/pod-product-compliance
Lightning Source LLC
LaVergne TN
LVHW091619170726

843492LV00007B/2513